Kosmisch

Gary M. Forester

Das Mittelalter

Einblicke in vergangene Zeiten

Spielerisch lernen

Farbiges Legematerial

www.kohlverlag.de

Das Mittelalter

Einblicke in vergangene Zeiten

1. Auflage 2024

Inhalt: Gary M. Forester
Umschlagbild: © Valery Sibrikov & FrankBoston - AdobeStock.com
Redaktion: Kohl-Verlag
Grafik & Satz: Kohl-Verlag
Druck: Elanders Druck, Waiblingen

Bestell-Nr. 15 089

ISBN: 978-3-98841-033-7

Bildquellen © AdobeStock.com

S. 3: Magic Art (2x); **S. 5**: frovola_elena, illustrissima, dorotaemiliac, Macrovector, Vector Bum, Monsalvettstock; **S. 7**: Giorgio G.; **S. 9**: eyetronic, Lunstream, Michael Rosskothen, Monsalvett-stock; **S. 11**: Frogella_stock, Юлия Мелешина, Happypictures, Veronika, YummyBuum; **S. 13**: Veronika, Gabriele Rohde, Frogella_stock, Happypictures, Yummy Buum, Lunstream, bsd studio, Надія Білецька; **S. 15**: Tech, Thomas Hecker, atosan; **S. 17**: Ege, aigarsr, PRILL Mediendesign, lutjo1953; **S. 19**: Jill Lang, Bertold Werkmann, LeArchitecto, Simone_n; **S. 21**: James, bob, peterschreiber_media, Watthana Tirahimonch; **S. 23**: evgenii151, yuplex, illustrissima; **S. 25**: Matrioshka, DALU11; **S. 27**: David San Segundo, Maria; **S. 29**: ProArt Studios, xfargas, Bijac; **S. 31**: Anton Pix, Oleksandr; **S. 33**: Rico Ködder, byrdyak, anchalee thaweeboon;

Bildquellen © Gary M. Forester

S. 11: Die Stände

Bildquellen © wikipedia.com

S. 7: Komst_van_den_H._Willebrord_in_Nederland; **S. 9**: Charlemagne_by_Durer; **S. 21**: Friedrich_Herlin,_Reading_Saint_Peter_(1466); **S. 25**: Aborterker Wiki Rosty, Cocherel.100jähriger Krieg; **S. 27**: Besenbinder wiki J. Patrick Fischer; **S. 29**: Barbier wiki Wellcom Librara, London; **S. 33**: Immersive Demension;

Inhalt

Vorwort	3
Und so sieht es aus ...	4
Die Innensechsecke	5-6
1. Das Mittelalter – Geschichte	7-10
2. Die Gesellschaft	11-14
3. Städte, Burgen und Häuser	15-18
4. Bedeutende Erfindungen	19-22
5. Die „dunklen" Seiten	23-26
6. Die Berufe	27-30
Abschlussdreiecke	31-34

Vorwort

Im Mittelalter war der Marktplatz das Zentrum einer jeden Stadt. Heute sind es oft lange Fußgängerzonen oder die Gegend um den Bahnhof.
Doch wir können in fast allen Städten noch Relikte aus dem Mittelalter entdecken: Kirchen, Stadttore, Teile einer Stadtmauer oder eben den Markt, wo sich früher das „Stadtleben" abspielte.
Um das Sechseck in der Mitte lassen sich an jedes Feld 1 Trapez, 6 Kärtchen und ein abschließendes Dreieck anlegen, so dass ein 6-strahliger Stern entsteht. Gleiche Farben der einzelnen Tage erleichtern das Zuordnen.

Viel Freude und Erfolg mit diesen Seiten wünschen Ihnen und den Lernenden der Kohl-Verlag und

Gary M. Forester

KOHL VERLAG Lernen mit Erfolg
Das Mittelalter
Einblicke in vergangene Zeiten – Bestell-Nr. 15 089

... und so sieht es aus!

Bildseite:

Textseite:

Das Mittelalter
Einblicke in vergangene Zeiten – Bestell-Nr. 15 089
KOHL VERLAG Lernen mit Erfolg

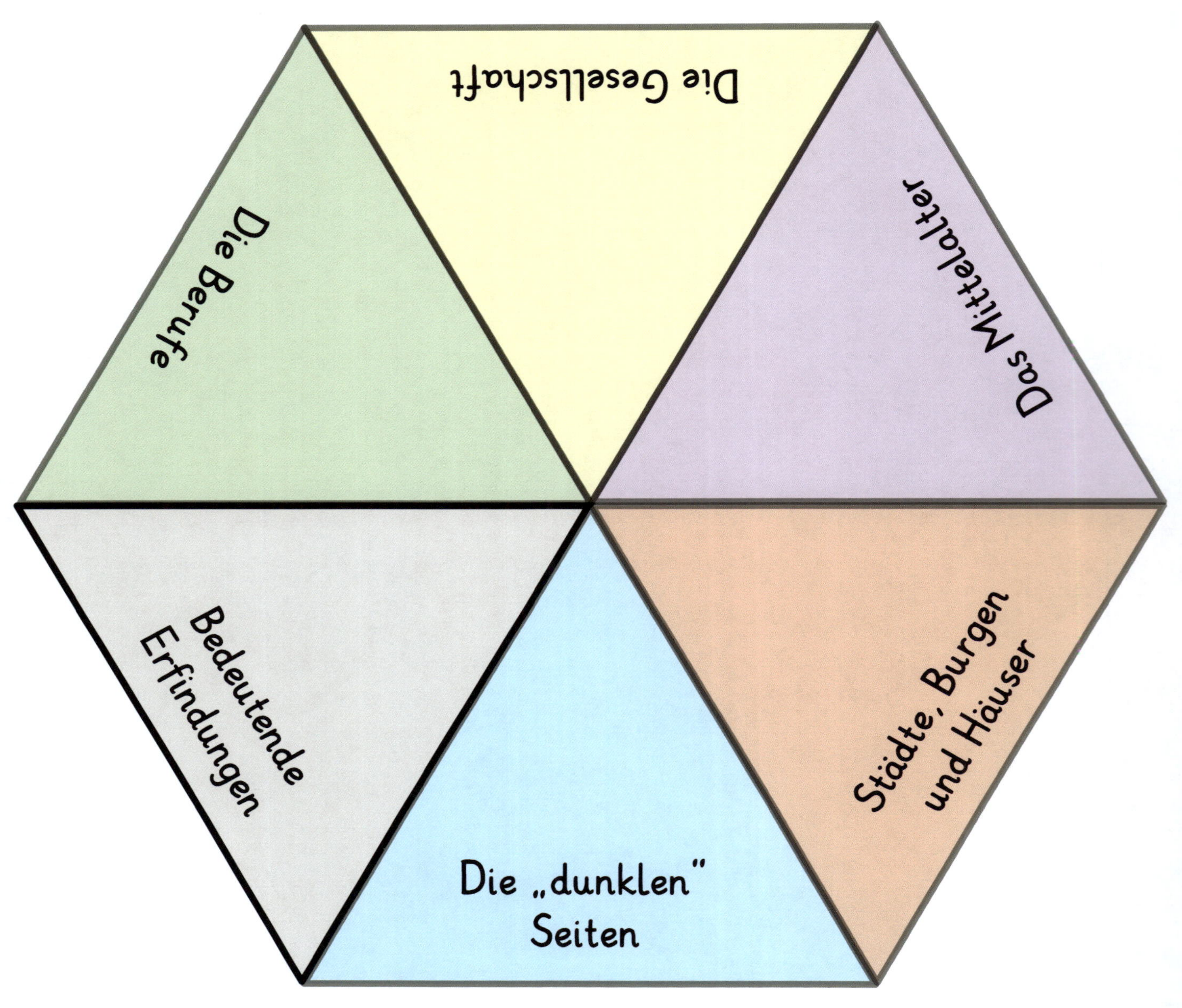

Die Gesellschaft
Das Mittelalter
Städte, Burgen und Häuser
Die „dunklen" Seiten
Bedeutende Erfindungen
Die Berufe

Das Mittelalter

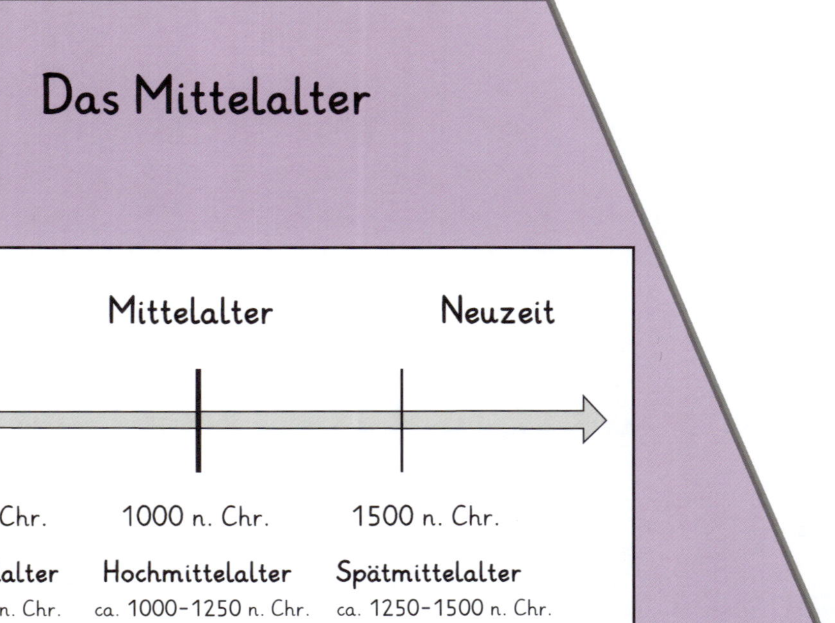

Das Mittelalter

Es heißt „Mittelalter", weil es zwischen zwei Zeiten liegt – zwischen einer „alten" und einer „neuen" Zeit. Es begann etwa um 500 nach Christus mit dem Zerfall des Römischen Reiches. Die Epoche endete etwa 1000 Jahre später mit der Entdeckung Amerikas – um 1500 nach Christus. Das Mittelalter umfasst also eine Zeitspanne von ungefähr tausend Jahren.

Europa ist katholisch

Im Hochmittelalter hatten es die christlichen Missionare dann geschafft: Ganz Europa war katholisch. Ihr Oberhaupt war der Papst in Rom.
Ende des Spätmittelalters kam es dann durch Martin Luther zur Reformation.

Der christliche Glaube

Zu Beginn des Mittelalters im 6. Jahrhundert breitete sich der christliche Glaube immer stärker aus. Christliche Missionare zogen durch die Länder und überzeugten die Menschen von ihrer Religion. Zuvor glaubten die Menschen an alte germanische Götter.

KOHL VERLAG Lernen mit Erfolg
Das Mittelalter
Einblicke in vergangene Zeiten – Bestell-Nr. 15 089

Das Mittelalter
Einblicke in vergangene Zeiten – Bestell-Nr. 15 089
KOHL VERLAG
Lernen mit Erfolg

Dom- und Klosterschulen

Im Mittelalter wurden die ersten Dom- und Klosterschulen geschaffen. Dabei waren besonders diese drei Studienrichtungen wichtig: Theologie, Recht und Medizin. Die älteste Universität Deutschlands ist die Ruprecht-Karls-Universität Heidelberg. Sie öffnete im Jahre 1386 ihre Tore für Studenten.

Frühmittelalter

Hier wurde das römische Reich durch andere Großreiche wie die Franken ersetzt. Den Höhepunkt stellt dabei die Krönung des Kaisers Karl der Große durch den Papst im Jahr 800 dar. Jedoch zerfällt sein Reich bald darauf wieder. Aus ihm werden die beiden Mächte Frankreich und das Heilige römische Reich deutscher Nationen.

Hochmittelalter

Das Hochmittelalter begann mit dem 10. Jahrhundert und dauerte bis etwa 1250. Das Rittertum, das römisch-deutsche Kaiserreich, das Lehnswesen und der Minnesang hatten ihre wichtigste Zeit. Das Handwerk und der Handel wurden gefördert. Bildung war nicht mehr nur der Kirche vorbehalten.

Spätmittelalter

Das Spätmittelalter ging von etwa 1250 bis zum Übergang in die Neuzeit um 1500. Die Habsburger stellten die Herrscher des Heiligen Römischen Reiches. Das Bürgertum erlebte nun seinen Aufstieg und mit ihm die Städte. Kunst und Wissenschaft entwickelten sich und die Wirtschaft war im Aufschwung.

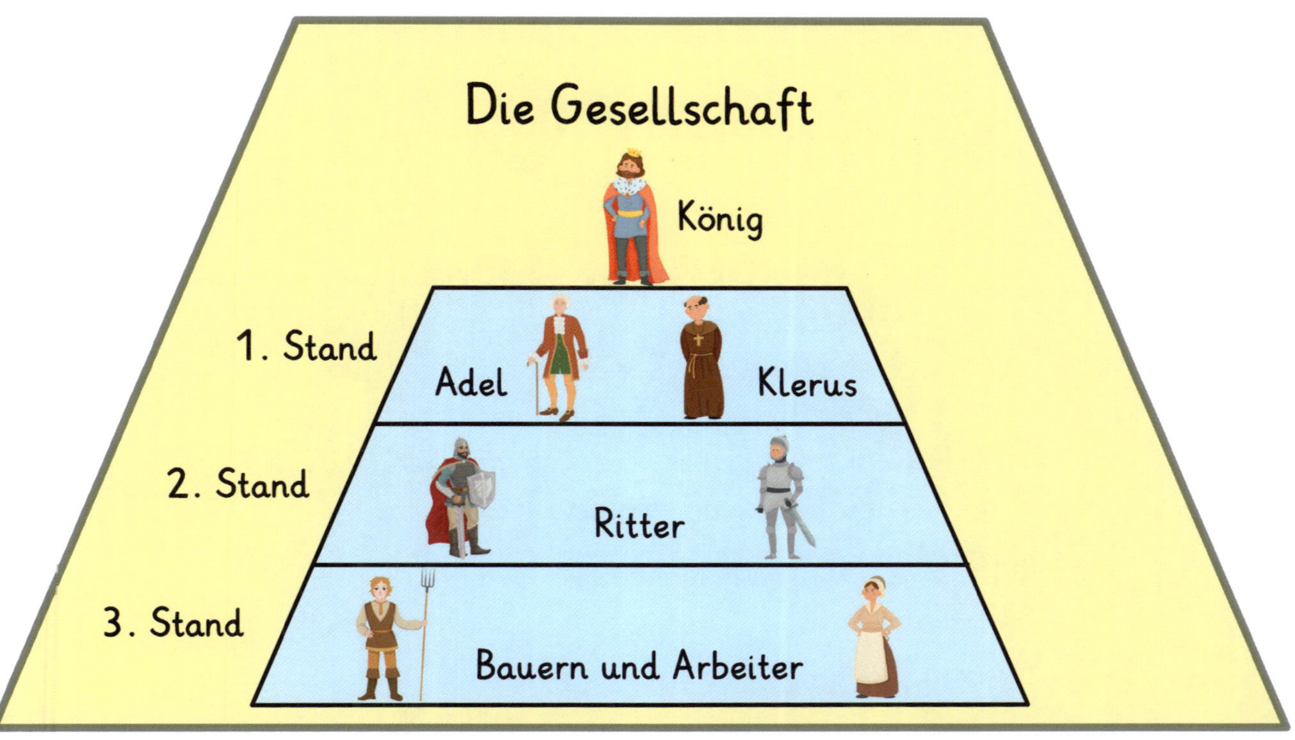
Die Gesellschaft
König
1. Stand
Adel
Klerus
2. Stand
Ritter
3. Stand
Bauern und Arbeiter

Die Gesellschaft

Im Mittelalter war die Gesellschaft in verschiedene Stände unterteilt. Ganz oben stand der König, danach folgten die Geistlichen (der Klerus), dann die Adligen, die Ritter, gefolgt von den Bauern, den Handwerkern und Händlern. Jeder Stand hatte seine eigene Rolle und Pflichten.

Der Adel

Der Adel hatte das Recht, über seine Untertanen wie Bauern und Ritter zu herrschen. Die Adeligen waren meistens reich und besaßen viel Land. Zum Adel gehörten Herzog und Herzogin, Graf oder Gräfin, Fürst und Fürstin. Den Adel nennt man auch Aristokratie. Sie lebten auf Burgen und Schlössern, umgeben von Dienstboten.

Königin und König

Früher hatten Königinnen und Könige sehr viel Macht: Sie waren nicht nur Oberhäupter der Staaten, sondern auch oberste Richter und Gesetzgeber. Sie konnten also die Politik in einem Land mitbestimmen und Menschen, die sich nicht an Gesetze hielten, bestrafen.

KOHL VERLAG Lernen mit Erfolg
Das Mittelalter
Einblicke in vergangene Zeiten – Bestell-Nr. 15 089

Der Klerus

Der Klerus - das sind die hohen Angehörigen der Kirche wie Papst und Bischöfe. Er unterteilte sich in den hohen Klerus (Bischöfe, Äbte) und den niederen Klerus (Pfarrer, Mönche, Nonnen). Es waren alles Leute, die in den Diensten der römisch-katholischen Kirche standen. Denn in Europa – zur Zeit des Mittelalters – war das Christentum die Hauptreligion.

Die Ritter

Ritter stellen wir uns in ihrer Rüstung mit Schwert und Schild vor. Ihre Aufgabe war es, in Kriegen zu kämpfen. Daher waren sie für den König auch besonders wichtig. So gewährte er ihnen besondere Rechte – er stellte ihnen zum Beispiel Land und Bauern zur Verfügung. Ritter zählen zu den niedrigen Adelsleuten.

Die Mittelschicht

Zur Mittelschicht des Mittelalters zählten auch die „normalen" Bürger wie Beamte, Handwerker und Händler. Diesen Leuten ging es meist noch ziemlich gut. Die Menschen dieses dritten Standes konnten aber niemals in die oberen Stände durch Arbeit oder Heirat aufsteigen.

Die Bauern

Sie machten mit Abstand den größten Teil der damaligen Bevölkerung aus. Sie waren die schwächsten Mitglieder der Gesellschaft. Die Bauern zählen neben den Knechten und Mägden zu den sogenannten unfreien Menschen. So zogen damals viele Bauern in die Stadt. Wenn ihr Herr sie ein Jahr lang nicht zurückholte, wurden sie zu freien Stadtbürgern.

Städte, Burgen und Häuser

Städte, Burgen und Häuser

Zentrum der mittelalterlichen Stadt war der Markt. Hier herum fanden sich das Rathaus, die Kirche und der Brunnen. Die Kaufleute besaßen am Markt ihr Gildehaus. Die Handwerker trafen sich im Zunfthaus, um ihre Angelegenheiten zu besprechen. Um den Markt herum wohnten reiche Kaufleute und Handwerker in prächtigen Häusern aus Stein. Direkt an der Stadtmauer lebten die Ärmsten. Die meisten Häuser waren Fachwerkhäuser, die mit Stroh gedeckt wurden.

Das Kloster

Die Mönche und Nonnen in den Klöstern lebten oft außerhalb der Stadt. Das Zentrum eines Klosters war die Abteikirche. Um sie herum waren die Wohn- und Arbeitstrakte, die Wirtschaftsgebäude, Gemüse- und Kräutergärten. Das Glockenläuten der Abteikirche zeigte die Stunde an, zu denen sich Mönche oder Nonnen zum Gebet versammelten.

Die Burg

Sie war zugleich Herrschafts- und Wohnsitz der Adligen, die dort mit ihrer Familie, Dienstboten und Gesinde lebten. Der Burgherr wohnte mit seiner Familie im Palas. Der Palas ist das größte Wohngebäude der Burg. Nur der Saal im Palas und die Kemenate (der Raum, wo die Frauen wohnten), wurden beheizt. Burgen dienten in erster Linie der Verteidigung und dem Schutz.

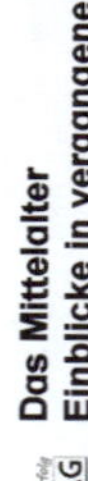

Bürgerhäuser

Sie waren Werkstatt, Wohn-, Geschäfts- und Speicherhaus gleichzeitig. Hier wohnte der Eigentümer mit Familie und Gesinde, meistens in schlechten Wohnverhältnissen. Verkauft wurde auf den heruntergeklappten Fensterläden zur Straße hin. In dem Raum befanden sich auch die Werkstätten, Kontore oder Warenlager.

Holz- und Steinhäuser

Während die Menschen im Frühmittelalter meist Holzhäuser bauten, von denen wir heute keine Überreste mehr vorfinden, so errichteten sie im Laufe der Zeit auch Steinhäuser. Doch auch im Hochmittelalter waren noch viele Häuser in den Städten schmal und eng. Dort wohnten Beamte, Handwerker und Händler.

Der Marktplatz

Er war Mittelpunkt des Handels. Am Brunnen besorgte man sich nicht nur Wasser, sondern tauschte auch Informationen und den neuesten Klatsch aus. Auf dem Markt gab es die begehrten Produkte, die die Fernhändler mitbrachten: Stoffe, Bänder, Felle, Gewürze und Farbpulver. Auch das Rathaus befand sich am Markt. Dort tagten der Rat und das Gericht.

Die Bauernhäuser

Die Bauern im Mittelalter lebten mit der ganzen Familie in kleinen, einfachen Häusern. Erst wurde ein Gerüst aus Holzbalken errichtet. In die Zwischenräume füllte man geflochtene Birkenzweige und dichtete die Wände mit Lehm und Stroh ab. Es gab nur Türen oder sehr kleine Fensteröffnungen, die im Winter mit Stroh oder Tierhäuten verschlossen wurden.

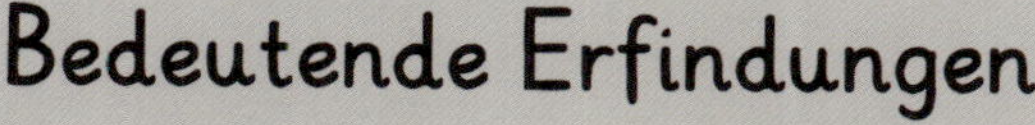

KOHL VERLAG
Das Mittelalter
Einblicke in vergangene Zeiten – Bestell-Nr. 15 089

Bedeutende Erfindungen

Wind- und Wassermühlen zählen zu den wichtigsten Entwicklungen des Mittelalters. Erst gab es die Wassermühlen. Im 13. Jahrhundert wurde die Bockwindmühle entwickelt. Die Mühle steht auf einem Dreh-Bock aus Holz. So konnte das Mühlrad immer in den Wind gedreht werden und die Windkraft optimal ausgenutzt werden. Weitere wichtige Erfindungen waren u. a. Räderpflug, Kummet, Hufeisen, und der Trittwebstuhl.

Der Kompass

Er zeigt die Himmelsrichtungen an. Die magnetische Nadel richtet sich stets in Richtung Norden aus. Der erste Kompass wird im Jahr 1269 erwähnt. Er bestand aus einer Metallnadel, die auf einem Stift befestigt war. Später wurden dann die Himmelsrichtungen in Form der Windrose aufgemalt und der Kompass bekam auch ein Gehäuse.

Die Räderuhr

Lange Zeit orientierten sich die Menschen am Sonnenstand, um zu wissen, wie spät es ist. Das änderte sich um das Jahr 1300 herum. Denn zu dieser Zeit wurde die sogenannte Räderuhr erfunden. Diesen Namen hat die Uhr von den mechanischen Zahnrädern in ihrem Inneren, die dafür sorgen, dass die Zeiger mitwandern.

KOHL VERLAG Lernen mit Erfolg
Das Mittelalter
Einblicke in vergangene Zeiten – Bestell-Nr. 15 089

Der Buchdruck

Den Buchdruck erfand Johannes Gutenberg um 1450. Er stellte ein Gerät her, mit dem Buchstaben aus Metall geschwärzt und dann auf Papier gedruckt wurden. So konnten Bücher in größerer Stückzahl relativ leicht und schnell hergestellt werden. Zuvor mussten Texte mühselig von Hand geschrieben werden.

Das Spinnrad

Aus Wolle und Pflanzenfasern kann man Fäden herstellen, die dann zu Kleidungsstücken verarbeitet werden können. Dieses Wissen war auch im Mittelalter nicht neu. Doch was vorher mühsam von Hand gedreht werden musste, gelang ab etwa 1200 mit Hilfe des Spinnrads deutlich schneller.

Die Brille

Brillen erleichtern Menschen mit schlechten Augen das Leben. Die älteste Darstellung einer Brille stammt aus dem Jahr 1352. Die Erfindung geht wohl auf Mönche zurück, die Bücher lasen und schrieben und häufig an Kurzsichtigkeit litten. Die Lesebrille wurde um 1285 in Italien erfunden.

Schwarzpulver

wird aus Schwefel, Holzkohle und Kalium- oder Natriumnitrat hergestellt. Es ist ein feines Pulver, das früher als Schießpulver verwendet wurde. Lange Zeit hat man die Erfindung des Schwarzpulvers dem Freiburger Franziskanermönch Berthold Schwarz zugeschrieben, der 1353 das Pulver erfunden haben soll. Es kam in Europa ab dem 14. Jahrhundert zum Einsatz und veränderte die Kriege.

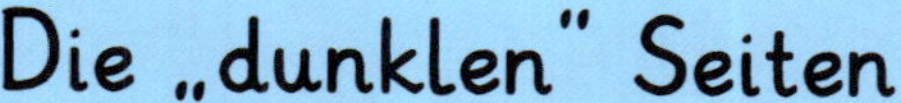

KOHL VERLAG Lernen mit Erfolg
Das Mittelalter
Einblicke in vergangene Zeiten – Bestell-Nr. 15 089

Die „dunklen" Seiten

Im Mittelalter gab es einige düstere Ereignisse wie die Kreuzzüge, Hungersnöte oder die Pest. Auch die mangelnde Hygiene war kein Pluspunkt, sie begünstigte die Ausbreitung von Seuchen und Krankheiten.
Die mittelalterliche Epoche in Europa war von der Ständegesellschaft und dem christlichen Glauben an die Allmacht Gottes geprägt. Die Menschen hielten sich genau an die Dinge, die ihnen die Kirche vorschrieb.

Die Pest

Die Pest beginnt 1347 und verbreitete sich rasch. Im Jahr 1353 endet die erste Pestwelle, die später „Schwarzer Tod" genannt werden sollte. Heute weiß man, dass es sich bei der Pest um eine bakterielle Infektionskrankheit handelt, die im Mittelalter vor allem durch Ratten und andere Nagetiere auf Flöhe und durch Flohbisse auf Menschen übertragen wurde.

Hungersnot

Im Spätmittelalter wurde das Klima kühler. Dadurch fielen die Ernten geringer aus.
Zwischen 1315 und 1317 kam es zu einer großen Hungersnot in ganz Europa. Die spätmittelalterliche Agrarkrise sorgte für einen großen Preisanstieg der Nahrungsmittel. Viele Menschen waren gezwungen, in die Städte zu flüchten.

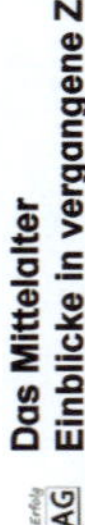

Kreuzzüge

Kreuzzüge nannte man im Mittelalter die Kriege zwischen Christen der römisch-katholischen Kirche und Muslimen, den Anhängern des Islams. Im Jahr 1095 rief Papst Urban dazu auf, die Muslime aus dem Heiligen Land zu vertreiben. Diejenigen, die sich auf Kreuzzug begaben, nannte man auch Kreuzritter oder Kreuzfahrer.

Hexenverfolgung

Als Hexenverfolgung bezeichnet man die Verdächtigung, Festnahme, Folter und Hinrichtung von Personen, von denen man glaubte, sie praktizierten Zauberei oder stünden mit dem Teufel im Bunde. Als Hexe stellt man sich eine Frau vor, die besondere Kräfte – gute oder böse – hat. Männliche Hexen nennt man Zauberer oder Hexer.

Die Hygiene

Abwasser, Urin, und Kot landeten auf den Straßen und Wegen. Selbst auf der Burg gab es höchstens einen „Austritt" wodurch dann alles langsam an den Mauern herabfloss, in den Burggraben geriet und stank. Berichte erzählen davon, dass manche Burgen so gestunken haben, dass ihre Bewohner sie für mindestens zwei Jahre verlassen mussten.

Der Hundertjährige Krieg

Der Hundertjährige Krieg (1337 bis 1453) ist eine Reihe von Auseinandersetzungen zwischen England und Frankreich. Am Ende dieses Krieges konnte Frankreich im Jahr 1453 den Krieg für sich gewinnen.
Der Hundertjährige Krieg dauerte also keine hundert Jahre, sondern genau 116 Jahre.

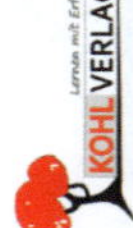

Die Berufe

Berufe

Neben Ritter oder Mönch gab es noch andere Tätigkeiten. Es gab viele verschiedene Berufe, denn industrielle Maschinen gab es noch nicht. Zu Anfang des Mittelalters waren die Menschen auf ihrem Hof meist selbst für alles zuständig. Sie waren handwerklich geschickt und konnten in vielen Bereichen arbeiten. Im Spätmittelalter boten Menschen in größeren Städten handwerkliche Dienste an, um Geld zu verdienen.

Der Schuhmacher

Im Mittelalter gab es Stadtschuster, die meist nur neue Schuhe und Stiefel anfertigten. Daneben gab es den Flickschuster, der für Reparaturen von Schuhen zuständig war. Auf dem Land gab es aber auch Hausschuster, die von Haus zu Haus gingen und Schuhe reparierten. Die meisten Leute hatten nur zwei Paar Schuhe, eins für den Sommer und eins für den Winter.

Der Bäcker

Bäcker sind im Mittelalter gefragt, der Beruf ist angesehen und begehrt. Im 12. Jahrhundert kommen daher erste Bäckerzünfte auf, die nicht nur über die Qualität der Ware wachen, sondern auch über den Marktzugang. Brot backen darf in den Städten nur, wer Mitglied der Zunft ist. Auf dem Land haben die Frauen oft noch ihr Brot selbst gebacken.

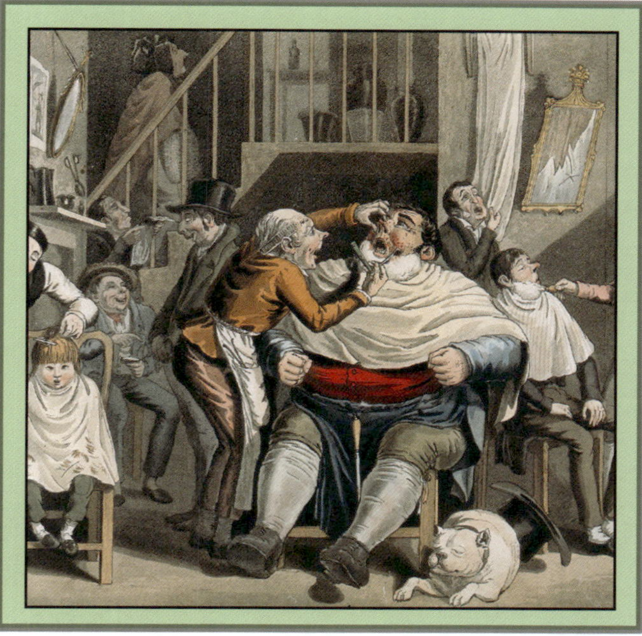

Der Barbier und der Bader

In den Städten und auch auf dem Land gab es öffentliche Badestuben. Der Bader, der auch als Barbier tätig war, wusch seinen Kunden den Kopf, kämmte und schnitt die Haare und rasierte die Männer. Es wurden Zähne gezogen und kleine Operationen durchgeführt. Auch das Schröpfen und das Aderlassen gehörten dazu.

Der Schmied

Den Schmied gibt es bereits seit der Entdeckung der Metalle. Er stellte viele wichtige Dinge zum täglichen Gebrauch her wie Nägel, Scheren, Hufeisen, Waffen und vieles mehr. Meist gab es in einem Dorf einen Schmied, der in seiner Schmiede alle Gegenstände herstellte. Er brauchte seine Werkzeuge wie den Hammer, Amboss und die Esse.

Der Steinmetz

Steinmetz ist einer der ältesten Berufe der Menschheit.
Die Steinmetze und Steinbildhauer waren die wichtigsten Bauhandwerker des Mittelalters.
Der Steinmetz bearbeitete die Steine für Häuser und Mauern, während der Steinbildhauer Kunstwerke wie Statuen, und Grabsteine aus Stein haute.

Der Leineweber

Das Handwerk wurde oft von Bauern und Tagelöhnern betrieben.
Erst später wurde es zu einem eigenen Handwerksberuf. Leineweber stellten aus gesponnenem Flachs Leinenstoff bzw. Leinwand her. Im Mittelalter war Leinen sehr begehrt, man verarbeitete es zu Hemden, Bettwäsche, Waffenröcken und anderen Textilien.

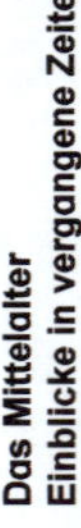

„Unter den Ständen"

waren Dienstleute, Tagelöhner und Lehrlinge, der Henker, der Totengräber und der Nachtwächter, Bettler, Hausierer, Gaukler und Schausteller.

Die Hanse

In der Mitte des 12. Jahrhunderts schlossen sich deutsche Kaufleute zusammen. Sie legten damit den Grundstein zum Hansebund, der ihre Reisen sicherer machte und sie vor Überfällen von Räubern oder Piraten auf dem Meer schützte.

Windmühlen

standen oft außerhalb der Stadtmauern, da die Gebäude und Stadtmauern ihnen den nötigen Wind zum Mahlen des Getreides nahmen.

Heliozentrisches Weltbild

Geozentrisches Weltbild

Die Wikinger waren Seefahrer aus Nordeuropa. Sie bauten Schiffe und trieben Handel. Über große Flüsse kamen sie weit ins Land, bis nach Köln oder Trier. Einige von ihnen haben Schiffe, Dörfer und Städte angegriffen und ausgeraubt, daher waren sie gefürchtet.

Im geozentrischen Weltbild wird die Erde in das Zentrum des Universums gesetzt. Beim heliozentrischen Weltbild ist die Sonne das Zentrum des Universums. Nikolaus Kopernikus (1453 - 1543) erkannte, dass sich die Erde um die Sonne dreht.

Auch im Mittelalter waren Frauen häufig in der Textilherstellung tätig. So gab es z. B. die Berufe der Kürschnerin, Schneiderin, Näherin oder den der Hutmacherin. Frauen waren ebenfalls als Kauffrauen tätig und boten oft die Sachen,die von ihren Männern hergestellt wurden, an.

KOHL VERLAG Lernen mit Erfolg
Das Mittelalter
Einblicke in vergangene Zeiten – Bestell-Nr. 15 089

Gary M. Forester

Verkehrszeichen

Sicher im Straßenverkehr

Die Kenntnis der wichtigsten Verkehrsschilder soll den Kindern eine Hilfe sein, ihr Wissen über den Straßenverkehr zu festigen. Über 40 Zeichen, die auch unsere Kinder schon betreffen, wie Radfahrwege, Ampel oder Zebrasteifen werden hier vorgestellt. In einem sechsstrahligen Stern können die Kinder 42 Verkehrszeichen kennenlernen und anlegen.

Klasse: 1 2 3 4 5 6

FARBIG | 36 Seiten | 15 043 | ab 16,49 €

Autorenteam Kohl-Verlag

Wolken, Wind & Regen

Wie unser Wetter entsteht

Insgesamt drei Legematerialien: ein 10-teiliges Material zum Wasserkreislauf sowie zwei 21-teilige Materialien zu den Themen „Wolkenfamilien“ und „Wind“. Durch Zuordnen von Legekärtchen lernen die Schüler z.B., wie Wolken und Niederschlag zustande kommen oder wie unterschiedlicher Luftdruck Wind entstehen lässt. So entsteht ein wunderschöner Legestern für Ihr Klassenzimmer!

Klasse: 3 4 5 6 7 8

FARBIG | 40 Seiten | 15 042 | ab 17,49 €

Gary M. Forester

Naturkatastrophen Gefährliche Naturereignisse

Höhere Naturgewalt (Lawinen, Erdbeben, Überschwemmungen, tierische Plagen und Seuchen uvm.) kann Mensch, Tier und Natur nachhaltig und negativ beeinflussen. Die Auswirkungen sind je nach Ausmaß verheerend, was die Frage aufwirft, wie Naturkatastrophen entstehen, wie man die Anzeichen einer Naturgewalt schon früh erkennt und wie man sich am besten vor ihr schützen kann. Die Schüler können sich anhand des Legesterns mit diesem spannenden Thema auseinandersetzen.

Klasse: 3 4 5 6 7 8

FARBIG | 48 Seiten | 15 067 | ab 18,99 €

Gary M. Forester

Deutschlands Bundesländer

Lern- und Legematerial mit Infos, Bildern & Karten

Die Bundesländer werden kreisförmig angelegt. Die Segmente der Kreisringe werden entsprechend ihrem Bundesland zugeordnet. Sie enthalten Bilder und Karten auf der einen Seite, interessante Textinformationen auf der Rückseite. Das Material ist durch die ansprechenden Bilder und die wissenserweiternden Informationen vielfältig einsetzbar.

Klasse: 3 4 5 6 7 8 9 10 11-13

FARBIG | 80 Seiten | 15 016 | ab 23,49 €

Verena Wanstrath

Kinder rund um die Welt

Die Kinder lernen das Leben und den Alltag von Kindern in fremden Ländern kennen. Sie erfahren, was es bedeutet, Kind in einem anderen Land zu sein und entdecken Gemeinsamkeiten und Unterschiede zu sich selbst. Mit Hilfe von Sachinformationen, Liedern, Spielen, Bastelideen ... tauchen die Kinder in fremde Kulturen und deren Lebenswirklichkeit ein.

Klasse: 3 4 5 6

FARBIG | 96 Seiten | 15 003 | ab 24,99 €

Gary M. Forester

Die Geschichtsspirale von der Urgeschichte bis heute

Das Legematerial lädt zum Begreifen ein und macht das Lernen anschaulich. Das Legematerial besteht aus farbigen Segmenten zum Ausschneiden. Auf dem Boden oder an der Wand entsteht eine riesige Geschichtsspirale. Das farbige Material besteht aus Segmenten zu den einzelnen Epochen in unterschiedlichen Farben auf Symbolen wie z.B. aus Tieren, Bildern, Personen.

Klasse: 3 4 5 6 7 8 9 10 11-13

FARBIG | 48 Seiten | 15 001 | ab 15,99 €

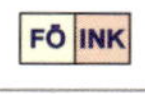

FÖ INK

Gary M. Forester

Feuerwehr, Polizei & Co Helfer in der Not

Organisationen, die in Notsituationen und Katastrophenfällen Hilfe leisten, faszinieren Kinder. Welcher Aufgabe gehen Feuerwehr, Polizei und Rettungsdienst nach? Und was machen das THW oder der Katastrophenschutz? Dieser Legekreis bietet den Kindern die Möglichkeit, sich spielerisch diesem spannenden Thema zu nähern.

Klasse: 1 2 3 4 5 6

FARBIG | 40 Seiten | 15 019 | ab 17,49 €

Gary M. Forester

Musikinstrumente entdecken

Blas-, Streich-, Zupf- und Tasteninstrumente sowie elektronische Instrumente und Schlag- & Rhythmusinstrumenten werden sternförmig gelegt. Auf der Rückseite der jeweiligen Abbildungen sind knackig und kurz wichtige Informationen über das jeweilige Instrument zusammengefasst. Ein informativer und spannender Beitrag zum Musikunterricht.

Klasse: 3 4 5 6 7 8 9 10 11-13

FARBIG | 48 Seiten | 15 017 | ab 18,99 €

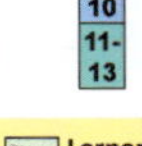

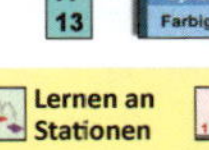

Gary M. Forester

Klimazonen & Landschaften

Die einzelnen Zonen unserer Erde unter der Lupe

Die Erde ist in verschiedene Klimazonen eingeteilt. Jede Klimazone bietet eine reiche Vielfalt an Tieren, Planzen und Naturgegebenheiten. Die Landschaften der Klimazonen, ihre Gegebenheiten und ihre Unterschiede lernen die Schüler mit dem übersichtlichen Legematerial kennen. Ob Gebirge, Wüste, warm oder kalt – jede Flora und Fauna hat ihren Reiz!

Klasse: 3 4 5 6 7 8

FARBIG | 56 Seiten | 15 033 | ab 18,99 €

Autorenteam Kohl-Verlag

Kontinente

Verschiedene Lebensräume der Erde

Jeder Kontinent ist individuell, auf solche recht ähnlichen Vorstellungsbilder in den Schülerköpfen kann man zugreifen. Das machen die Legekarten, indem sie genau daran anknüpfen und das jeweils Charakteristische des Kontinents hervorheben. Der körperhafte Prozess des Auslegens trägt nachgewiesenermaßen zum Lernprozess bei. So prägen sich die präsentierten Punkte – Menschen, Landschaften, Tierarten, Vegetation, Klima – nachhaltig und anregend ein.

Klasse: 3 4 5 6 7 8 9 10

FARBIG | 48 Seiten | 15 057 | ab 18,49 €

Autorenteam Kohl-Verlag

Vulkane Feuer spuckende Berge näher beleuchtet

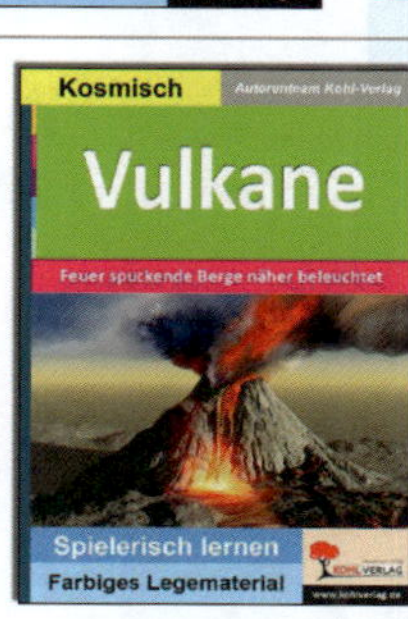

Ein 36-teiliges Legematerial, bei dem durch Zuordnen von Legekärtchen der Aufbau der Erde, die Entstehung von Vulkanismus oder der Nutzen von Vulkanen vermittelt wird. Auf der Vorderseite befinden sich Bilder, auf der Rückseite eine Erklärung in Textform. Werden die Kärtchen passend an das Siebeneck in der Mitte angelegt, ergibt sich ein großer Stern mit sieben Strahlen.

Klasse: 3 4 5 6 7 8

FARBIG | 28 Seiten | 15 041 | ab 14,49 €

Autorenteam Kohl-Verlag

Planeten Die acht Planeten des Sonnensystems

Die in unserem Sonnensystem angeordneten Planeten werden im Legematerial nebeneinander in ein System gebracht. So entwickelt sich parallel beim Auslegen auch ein neurologisch nachgewiesenes „Körpergedächtnis“, wenn die Schüler um das entstehende Werk „herumkrabbeln“ müssen. So wird die Faszination des Themas „Planeten“ hier optimal ausgenutzt.

Klasse: 3 4 5 6 7 8 9 10

FARBIG | 32 Seiten | 15 055 | ab 15,99 €

Autorenteam Kohl-Verlag

TIPP

Unsere Erde und das Sonnensystem

Wunderschönes Lege- & Lernmaterial

Das Legematerial führt das Auge aus der Ferne des Weltalls in die Nähe der verschiedenen Himmelskörper. Die entstehenden Legesterne liefern einen übersichtlichen Eindruck und lassen uns diese spannenden Welten greifbar erscheinen. Zu jedem Legestern gibt es noch ein „Büchlein“, das durch Fragen zum Inhalt den Lernerfolg zusätzlich erweitert.

Ein echter Hingucker für jeden Klassenraum!

Klasse: 3 4 5 6 7 8 9 10 11-13

Titel	Best.-Nr.	
Die Erde	15 058	FARBIG
Der Mond	15 040	
Die Sonne	15 053	je 36 Seiten
Der Mars	15 060	ab 15,99 €

Klasse: 1 2 3 4 5 6 7 8 9 10 11-13

Lege- & Lernmaterial

Gary M. Forester

Der menschliche Körper

Band 1: Die Organe

Dieser Band lädt zu einer spannenden Reise durch den menschlichen Körper ein. Wissenswertes über die Funktion der einzelnen Organe, deren Zusammenspiel und auch der mögliche Grund von Fehlfunktionen, werden erläutert. Das ansprechende Material enthält sowohl Informationen in Textform als auch eindrückliche Bilder, die den Inhalt noch klarer werden lassen. Der Lernstern, der am Ende entsteht, gibt eine gute Übersicht, über das erlernte Wissen. Wissensdurst und Neugierde der Schüler, bezogen auf dieses Thema, werden in einer sehr ansprechenden Weise befriedigt.

FARBIG | 32 S. | 15 077 | ab 15,99 € | 3 4 5 6 7 8 9 10

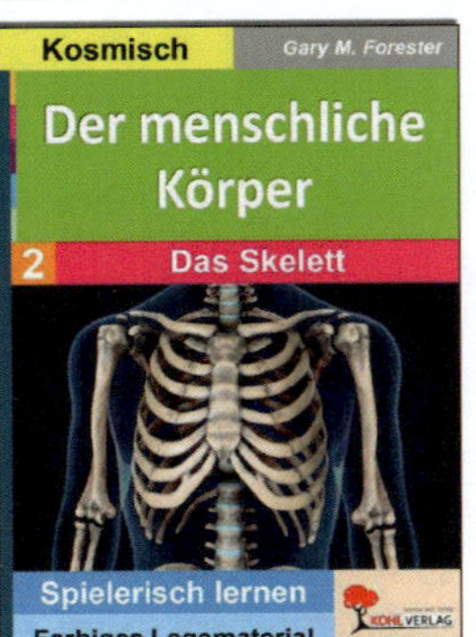

Gary M. Forester

Der menschliche Körper

Band 2: Das Skelett

Das Skelett stützt den menschlichen Körper und umrahmt und schützt dadurch die Organe. Als Beispiel sei hier das Gehirn genannt, welches vom Schädel geschützt wird. Ohne sein Skelett könnte der Mensch nicht aufrecht laufen. Viele Lebewesen besitzen ein Skelett. In diesem Band liegt der Fokus auf dem Skelett des Menschen. Dieses fünfstrahlige Legematerial bietet geeignete Bilder und informative Texte, die sowohl in Einzel- und Partnerarbeit das Erarbeiten dieses wichtigen Themas ermöglichen.

FARBIG | 32 S. | 15 078 | ab 15,99 € | 3 4 5 6 7 8 9 10

Gary M. Forester

Die fünf Sinne

Legematerial zu den fünf Sinnen hören, riechen, sehen, schmecken und fühlen! Das ansprechende Material bietet neben zahlreichen Informationen in Textform auch eindrucksvolle Bilder und Wissenswertes über die Funktionsweise des jeweiligen Sinnes.

FARBIG | 32 Seiten | 15 020 | ab 15,99 €

Gary M. Forester

Von der Empfängnis zur Geburt

Die Phasen der Schwangerschaft

Kurze Infotexte und passende Bilder zu den Entwicklungsstadien sind in dem umfangreichen Legematerial zu einer spannenden Reise durch die Monate von der Empfängnis zur Geburt zusammengestellt. Wissensdurst und Neugier werden gestillt.

FARBIG | 48 Seiten | 15 005 | ab 17,49 € | 3 4 5 6 7 8

Autorenteam Kohl-Verlag

Sucht ..... und ihre Folgen

Sieben Süchte genau betrachtet

Dieses aussagekräftige Legematerial beleuchtet die Auswirkungen von Alkoholismus, Nikotin, illegalen Drogen, Internet, Glücksspiel, Medikamentenmissbrauch und Essstörungen. Die Infotexte und Bilder regen zur Diskussion an, sensibilisieren für dieses wichtige Thema und bieten Hintergrundwissen. Ein kreativer Einstieg, der sich auch zur Präventionsarbeit eignet.

FARBIG | 28 Seiten | 15 082 | ab 14,99 € | 7 8 9 10 11-13

Gary M. Forester

Unsere Energiequellen

Das Legematerial ist farbintensiv gestaltet, damit man die jeweilige Qualität einer Energieform gleich über das Auge erfährt. Dann entsteht ein ganzheitliches Wissen durch den erzeugten Kontrast dieser Bausteine – das Licht der Sonne, die Wucht des Wassers, die Schwankungen der Windkraft ... Dabei entstehen Fragen. Sind Kohle und Öl abgelagerte Fossilien, kann es dann wirklich so viel davon geben, wie man wohl bisher gedacht hat? Dies z. B. erfährt man dann auf den Kartenrückseiten. Hier ergibt sich Lust am Lernen durch das wiederholbare gemeinsame Zusammenstellen von Wissen.

FARBIG | 52 Seiten | 15 084 | ab 19,99 € | 5 6 7 8 9 10

Gary M. Forester

Die Römer

Mit diesem Sechseck-Legestern lernen die Schüler wichtige Seiten des Alten Roms kennen. So erfahren sie vieles über das Alltagsleben der Alten Römer und kriegerische Seiten ihrer Geschichte, ihre Götter, die berühmtesten Persönlichkeiten, und natürlich über ihre Errungenschaften wie u. a. Zahlen, Schrift und Kalender. Fertig ausgelegt entsteht ein sechsstrahliger Lernstern mit zahlreichen Legeteilen.

FARBIG | 36 Seiten | 15 073 | ab 16,49 € | 3 4 5 6 7 8

Gary M. Forester

Die Griechen

Mit diesem Sechseck-Legestern lernen die Schüler wichtige Seiten des antiken Griechenlands kennen. So erfahren sie vieles über das Leben der Alten Griechen, ihre Götter und Göttinnen, die berühmtesten Persönlichkeiten, über bekannte Bauwerke und natürlich über die Anfänge der Olympischen Spiele. Fertig ausgelegt, entsteht ein sechsstrahliger Lernstern mit zahlreichen Legeteilen, die beidseitig bedruckt sind.

FARBIG | 36 Seiten | 15 074 | ab 16,49 € | 3 4 5 6 7 8

Gary M. Forester

Die Ägypter

Mit diesem sechsstrahligen Legestern lernen die Schüler wichtige Seiten des Alten Ägyptens kennen. Sie erfahren das Wichtigste und Interessanteste aus der Geschichte des Reichs am Nil: über die Religion im Alten Ägypten, die bedeutendsten Herrscher sowie noch existierende Zeitzeugnisse der ehemals bewundernswerten Hochkultur. Fertig ausgelegt, entsteht ein sechsstrahliger Lernstern mit zahlreichen Legeteilen, die beidseitig bedruckt sind.

FARBIG | 36 Seiten | 15 075 | ab 16,49 € | 3 4 5 6 7 8

Gary M. Forester

Die Steinzeit

Mit diesem Sechseck-Legestern lernen die Schüler wichtige Seiten der Steinzeit kennen. So erfahren sie vieles über die Lebensweise der Jäger und Sammler, ihre Ernährung, Kleidung und Werkzeuge wie Pfeil und Bogen, über ihre Umwelt und Natur und über die Errungenschaften und Zeugnisse der Wiege der Menschheit. Fertig ausgelegt entsteht ein sechsstrahliger Lernstern mit zahlreichen Legeteilen.

FARBIG | 36 Seiten | 15 076 | ab 16,49 € | 3 4 5 6 7 8

Gary M. Forester

Das Mittelalter

NEU

Mit diesem Band tauchen Ihre Schüler tiefer in die Epoche des Mittelalters ein. Beeindruckende und wesentliche Ereignisse im kulturellen und gesellschaftlichen Leben sind zugänglich dargestellt. Themen wie Entwicklung des Handels und der Architektur, Rittertum, Bekleidung, Zustände in der Bildung und Kirche, Erfindungen werden dabei nähergebracht.

FARBIG | 48 Seiten | 15 089 | ab 18,99 € | 3 4 5 6 7 8

Kunst

Gary M. Forester

Formen & Farben

So kann man Kunst begreifen!

Zahlreiche Farbkarten zum Ausschneiden und Legen in verschiedenen Formen, die z.B. für das Nachlegen des Farbkreises nach Itten, Hell-Dunkel-Abstufungen, Komplementärfarben oder zur Wahrnehmungsförderung genutzt werden können.

FARBIG | 48 Seiten | 15 002 | ab 15,99 € | FÖ | 1 2 3 4 5 6

Gary M. Forester

Die verschiedenen Kunstepochen

Eine kleine Reise durch die Kunstgeschichte

NEU

Mit diesem Band bekommen die Schüler einen Überblick über die Entwicklung der Kunst von der prähistorischen Kunst bis zur Moderne. Der Inhalt ist nach den Epochen wie Gotik, Klassizismus, Romantik usw. aufgeteilt. Farbliche Zuordnung der Legekarten mit einfachen kurzen Texten zu Schwerpunkten wie Malerei, Grafik und Plastik und Architektur helfen den Schülern, die Kunstepochen fest einzuprägen. Außerdem lernen die Schüler mit diesem Legematerial bedeutendste Künstler kennen.

FARBIG | 48 Seiten | 15 092 | ab 18,99 € | 3 4 5 6 7 8